JN495900

봄은 평등한가

이남순 시집

문학의전당 시인선
0323

봄은 평등한가

이남순 시집

문학의전당

시인의 말

내 시의 행간에는 어머니의 새소리와 아버지의 물소리가 배어 있다. 그런 내 작품들에게 고마워하며 내 삶의 의미를 되새기곤 한다.

목마르고 외로울 때마다 쓰고 또 쓸 것이다.

2020년 5월
이남순

차례

제2부

제3부

제4부

제5부

제1부

모과

가뭇한
하늘가에
위태로운 묵언수행

투박한 얼굴에도 향기는 멀리 가니

가을날
내 시 한 편도
저리 익어갔으면

지리산 엉겅퀴

잣나무도 발이 묶여 촉루로 선 그 발치에
제삿날 찾아오듯 유월이면 어김없이
애끓는 고향을 바라 멍울져 피어난 꽃

엉킨 채로 숨을 뱉던 이편에서 저편까지
어린 이름 부르느라 뻐꾸기는 목이 쉬고
하늘에 번지는 놀빛 그날처럼 타는 꽃

하나 둘 셀 수 없이 총부리에 고꾸라져
푸른 잎 무너지고 환청처럼 돋은 가시
죽어도 목숨은 살아 온 산천에 번지는 꽃

웃골댁 양파 농사

천 평 남짓 남새밭을 산 채로 갈아엎자
들녘을 덮어오는 울음 끝이 싸아하다
모종값 포기하고도 품삯조차 못 건지니

풍년이 죄라더라, 죄명 한번 얼척없다
못 거둔 가슴팍에 순장시킨 내 새끼들
땀 흘려 가꾼 농사가 꼼짝없는 벌(罰)이라니

뉘 눈물 나 몰라라 냉랭한 뉴스 앞에
아무 일 없는 듯이 하루가 저무는데
노을만 피멍 든 얼굴 하늘 끝에 부빈다

운동회

촛불 팀과 태극기 팀 줄다리기 팽팽하다 꽹과리 쇠북 치며 응원가 우렁차다

깃발들
껑충대는 꼴
덩덕개 날뛰듯이

끊어지면 끊어졌지 물러서지 않을 기세 바람벽에 머리 찧고 아수라장 따로 없다

본부석
대왕과 장군
보다 못해 호령한다

물러설 줄 알아야만 막판에 힘도 쓰지 전법도 어명조차도 닿지 않는 고립지대

만국기

어디로 갔나

빼라 풍선 춤춘다

가을무 아버지

감나무 죽지뼈가 엇비듬히 기울 즈음

몇 송이 성근 눈발 안부처럼 다녀간다

늙은 소 꺼진 등성이 짚 거적을 덮듯이

어느새 문풍지가 새물내로 알싸할 때

댓돌에 앉은 바람 틈 살피다 돌아가고

텃밭을 잰걸음으로 둘러 오신 함지박

개울물에 씻으셨나, 보유스름 알종아리

"실팍한 가을무가 인삼보다 좋으니라"

주름진 아버지 손등에 시린 해가 박힌다

불문율

대기실에 강사들이 너덧 명 모여 있다
종이컵 커피 한 모금 실없이 넘기면서
창밖에 봄이 오는지 가는지는 알 바 아닌

선방에 안거 끝난 수도승 해제처럼
바리때 챙겨들고 강의실 떠날 시간
종강은 탁발승 신세 가방끈만 닳고 있다

나이는 한 살 두 살 뱃살처럼 늘어나고
떼지 못한 강사 딱지 그마저도 퇴짜라니
보따리 풀 곳을 찾는 노트만 빽빽하다

청맹과니

갓 뽑은 맨 종아리
조선무를 툭 자르자

손댈 곳 하나 없이
다 썩어 시커멓다

겉모습
천연덕스레
매끈해서 몰랐더니,

비단이불 손수 지어
베갯동서 들이고도

두 귀에 차일 치고
눈 하나 깜짝 않던

울 어메

꼿꼿한 앞섶

피멍 밴 줄 몰랐더니,

역세권 그래프

누구의 말이 맞나, 학교냐 아파트냐
입방아 쿵덕쿵덕 참새 떼 쑥덕쑥덕
콩팥이 튀거나 말거나 뜬구름만 좇고 있다

자투리 묵정밭이 금싸라기 땅이라니
고향 등진 종손까지 소문 듣고 달려와서
조감도 구멍 뚫릴라, 눈을 떼지 못한다

환절기

달빛 그림자도 나처럼만 여기더니

한번 묶은 정이야 매듭 없다 하시더니

오늘은 벌 나비 따라 모른 척 지나네요

몰랐네요, 내 마음이 그냥 한철 꽃일 줄을

한 치 망설임 없이 속 환히 다 드렸는데

합환주 엎질러놓고 모른 척 지나네요

종착역 풍경

닿아야 할 종착역에 시간표를 맞춰놓고
달려온 듯 떠밀린 듯 정년이 코앞이다

정확히
연착도 없이
차단기는 내려지고

영광의 그날이라 꽃다발에 상패까지
축하하는 눈길에도 촉촉이 어린 물기

웃음에
섞이는 헛기침
이 자리가 영 낯설다

잔치 다 끝난 뒤에 섭섭히도 부는 바람
막차의 긴 그림자 플랫폼에 늘어지고

삼 남매

학자금 대출
설거지로 남았다

중리역

그랬지, 반공일엔 어김없이 와 계셨지
대합실 낡은 걸상에 반만 걸쳐 앉은 엄마
문틈을 들락거리는 휑한 바람 맞으시며

그랬지, 교복 입은 친구들과 마주칠까
앞차를 부러 놓치고 막차로 오는 딸을
달려와 반겨주지도 꾸짖지도 못하셨지

그랬지, 참았던 속 말씀만 구시렁구시렁
"우짜다 내 딸로 와 고생을 이리 하노"
진주행 무궁화 열차도 철컥철컥 혀를 찼지

가정의 달

상속보다 증여세가 수월타는 아들 청에
혼자 몸 건사할 단칸방 얻어놓고
편안히 효도 받자고 몽땅 묶어 다 넘겼어

한두 번은 꾸역꾸역 아랫목을 살피더니
어버이날 뜬금없이 미국이라 울리던 전화
가슴은 카네이션보다 붉은 물이 번져오데

재물이 잘못이지 누구를 탓하겠나
세상이 눈치 줘도 설마, 설마 했었지
남들은 다 그리해도 내 자식은 아니라고

소설 근처

보육원 뛰쳐나와 허기져 찾아든 곳
스크린* 인쇄판을 내 몸같이 닦고 털고
시너 통 밤낮 맞으며 눈물로 배운 기술

어려도 손끝 맵다며 단골손님 늘어나니
여남은 평 될까나 제자리 잡아갈 즘
컴퓨터 자동인쇄기 앞집 옆집 판을 친다

열 손가락 배인 잉크 가난 겨우 물렸는데
손 털고 이 바닥도 접어야 할까 보다
눈발도 헛발질이다, 깔깔한 입맛으로

---

*나무나 금속으로 테두리를 한, 발이 고운 천으로 잉크를 정착시키는 인쇄법.

제2부

오천 원

가끔은
꿈을 꾸고
구름처럼 부풀어서

누구에게도
말 안 하고
한두 장씩 사곤 했지

내 생에
로또 당첨금!
너 이상은 없었다

고시원을 아시나요

외짝이 모로 누워 타다 만 신발 위로
바람결에 낙엽 몇 장 조문하듯 엎드린다

늦비에 시들어가는
국화꽃을 닮은 남자

아빠가 봄이 오면 선물 들고 가겠노라
간밤에 어린 딸과 철통같이 했을 약속

달력에 빗금 그으며
일당을 적던 남자

창 없는 쪽방에서 새우잠을 자면서도
한 푼이 아쉬워서 등졌을 고향 하늘

공사판 국밥 그릇도
다 채우지 못한 남자

매실나무

제 새끼 키우는 건 나무도 매한가지
올망졸망 매달려서 등허리 다 휠 때까지
땡볕도
장대 빗물도
끄떡없이 견디지

옹골차게 자랐으니 이제는 거둬주마
딸 사위 모두 모여 열매를 털어내자
그제야
짐 내려놓고
아버지가 허리 편다

폭포

꽉 여민 옷고름을 죄다 풀고 네게 간다

후회도 주저함도 이제 다 떨쳐두고

아찔한 낭떠러지도 단박에 부숴내리

물안개 피워놓고 갈대 꺾어 에두르고

목쉬도록 불러보다 끝내 혼절 할지라도

물보라 무지개 피는 하늘로 길을 낸다

봄은 평등한가

쪽방촌 막다른 길 오후 해가 지나간다
독거노인 안부 묻는 이웃돕기 박스 하나
그 누가 안고 왔는지 온기 아직 남았네요

못 보고 사는 것쯤 이젠 제법 길났는데
찾아올 낌새 없던 내 자식 다녀간 양
황 노인 닫힌 가슴이 볕살 바라 열리네요

오래된 형광등에 불빛이 깜빡대듯
밭은 숨결 풀어가며 한 발짝씩 다가서는
여기도 봄이 오느라 바람 죽지 부푸네요

청문회

더는 못 속입니다, 환히 드러났지요

총리 장관 될 수 없는 결정적 이유라면

아무리 덮으셨어도 머리카락 보입니다

양심 선언합니다, 딱 한 번 옮겼지요

내 영혼의 안식처를 그대 가슴 언저리에

절절한 속 떨림으로 위장전입 했습니다

이복동생

낭구에 까치밥이 등불처럼 걸린 저녁
낯선 손에 끌려간다, 힐끔힐끔 돌아보며
등 미는 입동 바람도 말리지는 않았다

눈칫밥 먹고 자라 철이 벌써 들었을까
버림받을 자식인 줄 진즉에 알았는지
발등에 달구똥 같은 눈물 뚝뚝 떨어졌다

한창 떼쓸 나이 대여섯 살 분남이
모퉁이 돌아들어 동구에서 멀어진 날
참았던 까치밥 하나 뜨겁게 떨어졌다

입춘 예감

빈산을 도드밟는 먼 바람 오는 소리

오소소 추운 손등 햇살이 입 맞추자

창문이
반쯤 열리고
귓바퀴가 모아진다

부푼 흙집 헤집으며 아버지 오시는가

엉겁결에 마중 가는 삽살개가 짖어대니

남겨둔
고무신 한 켤레
담장 아래 환하다

회기역

넥타이 짧은 치마 모두가 끌려갔는데
고압의 전선에 비둘기만 남아 있다
간간한 새우깡이나 습관처럼 쪼아대며

나는 법 잊었는가, 날개를 다쳤는가
땅바닥 기는 것은 언제부터 길들었나
책임도 분노도 모른 채 허울로만 남았다

비례란 스팩으로 금배지 단 그날부터
눈치껏 영역 안에 부표로 떠다니다
귀먹고 눈이 멀었나 앉을 자리 못 찾았나

거먕빛

타는 속 숨기느라 치장한 저 꽃 타래
가시 밥 돋은 손끝 뭉툭한 매니큐어
등줄기 굽은 나비들 바지 가랑 붙잡네

구석자리 전을 편 듯 가방 푸는 연변 아짐
박카스 슬쩍 건네며 삐주룩 곁눈질에
홍정은 이미 끝난 듯 탑골 길이 저무네

짱짱한 대낮 걸음 어둑서니 건너는 건
꼬깃꼬깃 지폐 한 장 밥줄인 걸 어쩌겠나
이역 땅 뿌리를 내린 흑장미가 야위네

마지막 선물

쓸려간 낙엽들이 웅크려 누운 자리
한 발짝 창 쪽으로 여윈 가지 늘어뜨린
눈 깊은 먹감나무에 또 하루가 기운다

다 삭은 정강이를 어르고 다스리면
아들딸 달려와서 데려갈 줄 알았는데
덩그렁, 혼자 둔 채로 몇 달째 가뭇없다

"지달리지 마소 고마! 죽었다 카모 올끼오"
먼저 갇힌 옆 칸 할멈 보다 못해 내뱉는다
요양원 빼꼼히 열린 문 꽉 닫으라, 궁얼대며

고려동*

백일홍도 뜻을 세운 외딴 마을 찾아드니
벼슬마저 물리치고 붓을 꺾은 고려 선비
담 밖은 조선의 영토라 발걸음도 삼갔다는

새 왕조가 꽂 대궐을 휘영청 차려놓고
훔쳐낸 검은 깃발 제 것인 양 퍼덕일 때
못 지킨 불충을 안고 스스로 친 위리안치

둘러친 흙담집에 바람도 은신 중인
그곳에 머리 두고 홀로 든 아버지도
단호히 세상 문 닫던 그 고집을 다시 본다

* 경남 함안군에 자리한 고려인 마을. 충절을 지킨 이오 선생의 정신이 서리다.

상황 A

코와 입 틀어막고 눈빛만 살아있다

마스크가 얼굴이고 마스크가 명함이다

아무도 믿을 수 없는 무언의 전쟁이다

반길 사람 없는데 기어코 들이닥친,

설마 했던 소문은 소문보다 빨리 번져

밤사이 홀로 격리된 생목숨 또 거둬갔다

* 코로나 19.

사월 제주

꽃이다,
동백이다,

피로 겨눈 칼바람

쫓기듯 토끼몰이 내몰린 벼랑 끝에

까마귀
울음소리만
곡비처럼
들리고

제3부

씨종자

지 엄니를
쥐 잡듯이 했다네요
돈 달라고,

오메는
좋겠네요,
그럴 아들 없으니깐

뭔 말을?
두들겨 맞더라도
씨종자는 있어야제

반그늘에 모시라네

꼽아보니 이태 동안 불임에 애탔구나
사흘이 멀다 하고 물을 흠뻑 주었더니
늪처럼 고여 썩었네, 늘어진 잎 언저리

실뱀처럼 엉킨 뿌리 추슬러 내더니만
분갈이 곱게 앉혀 내미는 꽃집 주인
밑구멍 크게 뚫어서 반그늘에 모시라네

햇살은 고사하고 달빛마저 독이 되어
시들해진 울 아버지 적막에 떨었으리
얼굴만 삐죽 내밀고 총총히 돌아온 날

가을 숲에서

산사는 발그레이 사리처럼 영글어서

허물의 발자국들 세고 있는 눈빛인데

아직도 나는 철부지,
초록빛을 못 벗었다

불혹도 지천명도 나를 가둔 옥사인데

화쟁의 잎들조차 저를 다 내려놓고

득음에 다다랐는가,
매미 소리 고요하다

산다화 분서

쓱, 밀자
확, 번지며
메시지가 날아왔다
남도의 산다화가
저리 붉게 피었다고
그 불길,
가슴 언저리 순식간에 붙는다

펼쳐 든 구호처럼
저항의 깃발처럼
섬 살이 가득한 울혈
터져버린 눈물보가
이 땅끝,
강정마을에 더운 피로 솟는다

오해와 이해 사이
베인 상처 없었을까
안개 포에 눈이 매워

흘려 쓴 혈서인 양

보아라,

제 몸의 화기로 겨울 하늘 불탄다

25일, 오전 11시

맨입에 집을 나와 차비 없는 전철 타고
어제 그제 왔던 공원 오늘도 찾아와서
하루 치 허기를 채울 나래비에 붙어섰다

아직은 때가 일러 밥 차는 오지 않고
앞줄에 허풍 영감 꼴사납게 치근댄다
아 오늘, 노령연금 타면 한잔하자나 뭐라나

언제 한번 속 시원히 쥐어본 적 있었던가,
혼자 사는 애비 방에 도둑 들까 무섭다며
통장을 거둬간 아들, 그날 후론 기별 없다

난감했다

우듬지 잡으려고 떼 지어 붙은 얼굴 "할머니, 저 아저씨들 뭘 하는 사람에요?" 얼굴을 갸웃거리며 손주 녀석 묻는다

'무서운 거짓말쟁이!' 그 말 차마 할 순 없고, '우리 고장 발전 위해 밤낮으로 땀 흘리는 장하고 고마우신 분?' 그 말은 더욱 못하니……

불호령

누가 몰래 묻은 씨앗
내 영역을 침범했다

죽어라 몸 곳곳을 쑤시고 찌르더니

마침내 등허리 쪽에
드러난 대상포진

고운 때도 다 지난 몸
경작할 밭 있다던가

오뉴월 뙤약볕에 이슬 맺힌 꽃이라니

줄줄이 봉오리마다
부풀 대로 부풀었다

나 몰래 나를 부려
무슨 꿈을 꾸었기에

마냥 낮추어도 회초리를 내리치나

온밤 내 휘청거리며
앉은 채로 날을 샌다

국숫집 엘레지

있자니, 뻘쭘하여 멸치 똥만 발라낸다
가게가 좁아터져 한 자리도 아쉬운데
은근히 비켜달라는 아내 눈치 모르는 척

보따리 강사직도 하늘에 별 따기라
전세대출 몇 푼 끌어 시작한 국수 장사
한 그릇 삼천오백 원, 그마저 카드 긋고

아무리 찾아봐도 쓸모가 별로 없는
제 안에 석사 박사 훌훌 다 털어낼 듯
모서리 쪼그려 앉아 멸치 똥만 발라낸다

불문(不問)

휘장업 매출이야 이월이 최고치라

칠팔월 비수기도 표 안 나게 넘겼는데

이 무슨
날벼락인가
줄줄이 취소라니,

날뛰는 신종 역병 온 세상이 뒷걸음질

하필이면 단대목에, 목줄을 바투 잡나

연두 입
옹알이마저
마스크로 가린 봄날

누에

네 벌 잠 털어내며 짓고 있는 둥그런 집

문도 창도 내지 않아
스스로 아늑하다

한 생을 굴리고 가는 마지막 바퀴인 듯

제 살을 풀고 풀어 종일토록 감아 돈다

감을수록 말라가며
번데기로 나앉는다

이승을 허물어가며 훗승을 채비하듯

가는 숨 몰아쉬던 호흡기가 거둬지고

잦아든 눈물 밖의
눈꺼풀도 감겨들고

잠잠히 집에 드셨다,

예비한 거처인 양

도진개진

종로통 거리마다 꽃 잔치가 벌어졌다

노랑 파랑 핑크 보라 왁자한 색깔 공약

늘 듣던 그 말이 그 말, 객쩍은 향기 잔치

고친다는 약쟁이, 붙인다는 땜쟁이

이름값에 모양새는 그럴 듯도 하다지만

어차피 십일홍인 걸 도로 잡나 개로 잡나,

딸 부잣집 방앗간

한가위 설 명절에 돈벌이는 좋지만 끼니도 잊은 채로 날밤 꼬박 샐 생각에 아이고, 팔다리허리야 쑤시고 저려온다

"딸들도 다 여우고 물릴 뉘도 없는데 이제 고마 손 털고 유람이나 즐기이소" "말 마라, 출가외인은 여줄가리에 불과하더라"

"짝지어 보냈다고 끝나는 기 아니드래이" 보호대 꽉 조이고 파스 철썩 붙이고 대목 볼 쌀가마니를 천장 높이 또 쟁인다

불벼락

테이크아웃 자청하여 받아든 일회용 컵
탁자에 올려놓고 전화기랑 수다 떨 때
올 것이 오고야 말아, 단속반 들이닥쳤다

그제야 꽁무니를 슬그머니 빼는 손님
업주가 맞을 벌금 나 몰라라 도망친다
유리잔 설거지통에 태산처럼 쌓였는데,

가당찮은 이 역설은 어디 무슨 죄목이람
햇발에 눈 찔리고 과태료에 뒤통수 맞고
턱없다, 카푸치노도 부글부글 속 끓인다

제4부

사릉애가(思陵哀歌)

여든 해를 생각 속에 스며들어 사릉인가

그 흔한 무석도 없이 선잠 든 왕후 곁에

무던히
영월 쪽으로
고개 돌린 도래솔

손으로 말해주세요

중앙시장 골목 끝, 호떡집 리어카에
'손으로 말해주세요' 팔랑이는 글씨 아래
손님들 길게 늘어섰다, 그 줄 끝에 나도 섰다

하루 늦게 태어나서 자치동갑 사촌동생
어린 날 장티푸스로 말 잃고 귀 닫힌 채
간드락 간드락거리며 저리 용케 살아간다

때 없이 호통 치는 단속반 호각 소리
이제는 이력이 나 눈치껏 들고나니
마차를 뒤흔든 바람도 슬그머니 웃고 간다

외숙이

몇 살쯤 알았을까 제 몸에 흐르는 피
뽀얀 피부 마른 몸이 나를 꼭 닮았다는데
여태껏 만난 적 없고 잊은 적도 없는 너

아들만이 간절해서 버려진 아버지 딸
외가에서 낳고 자라 무심히 지은 이름
언제쯤 정에 겹도록 너를 불러 마주할까

이제는 언니들을 찾을까, 찾아줄까
웅크린 쪽잠같이 오금 못 편 후실 자식
못한 말, 못 부친 편지 꿈길에만 오갔겠지

까맣게 탄 한 시절이 얼마나 겨웠으면
지난봄 아배 부음도 끝내 등을 돌렸을까
호적지 맨 끝줄에 선
다섯 번째 여동생

귀항

그녀가 돌아왔다
물 시린 정월 한낮
무던한 갓 예순의 짱짱한 나이 두고
무거운 납덩어리만 허리춤에 살아왔다

저 강정 앞바다에
부표로 뜬 테왁이여
갈매기도 떼를 지어 곁을 돌며 감싸는데
망사리 틈을 비집고 넋이 나간 해삼, 멍게

하나만 더, 건지려다
파도에 손이 풀려
참았던 숨비소리 제석문에 닿았을까
정초에 천둥 울더니 바다 끝에 번지는 비

---

* "강정 앞바다에서 60대 해녀 사망" 2018년 2월 26일 《미디어 제주》 기사를 읽고.

막사발

왜바람과 맞서느라 금이 간 허리 안고
이리저리 채이다가 이 빠지고 살 터진 채
이름도 개명을 했다, 꼼짝없이 '이도 다완'

선비들의 찻상에도 의젓하게 올라갔고
비가 새는 난달 부엌 흙바닥에 엎드려서
저 백민 간당한 목숨도 숨죽이며 지켜봤다

장독 위에 별을 띄워 정화수 받아놓고
퇴락한 왕조 앞에 그래도 살아보자고
어쩌다 비겁한 목숨도 그렁그렁 달래었다

개밥그릇 냉가슴도 참을 말이 따로 있지
분에 넘친 대접하며 기고만장 해봤댔자
우리네 도공 품에서 주먹 쥐고 태어났다

천부경

"난장이라고 단골 없다냐?"
오금 박듯 단호했다

한 뙈기 남새밭을 옮겨다 놓는 일을 단 한번 거르지 않는 팔순의 노모를 온갖 빌미와 핑계를 붙여가며 수없이 만류하고 사정도 하였건만

덜커덕,
지난겨울에 귀를 닫고 누우셨다

이제는 몇 순갈 죽 그릇도 물리시네

"한 움큼 세월도 허투루 준 게 아니제! 내게 준 밥그릇도 놓으면 걷어가는 기라 하늘의 이치는 다 쓰고 오라고 내줬는데 안 쓰고 그냥 가면 그기 다 죄 되는 기라" 어쩌나, 울 어머니 바지런한 텃밭에는 화엄사 관음전의 연등 속 향내 같은, 아직도 배우지 못한 말씀들로 빼곡한데……

천부경 들려주시던
그 보살은 뉘시었나?

참빗

피투성이 무명 앞섶 창창 감아 깊이 묻고
리지샹* 벽을 넘어 흙발로 돌아왔건만
어디에 끼어들거나, 웅크릴 곳 유리벽 안

겹겹이 쌓인 어둠 가위눌린 쪽방에서
식민의 군홧발에 빗살 다 분질러지고
못 지울 주홍 글씨만 가슴팍에 패인 채

칠흑 같은 댕기머리 열여섯 그 이름도
몇 남은 뼈 추슬러 하얗게 바래가지만
기억을 지울 수 없어 저렇듯 증언하는

---

*난징 위안소.

신전처럼

끌려간 막내아들 행여나 배곯을까
끼니마다 밥을 담아 아랫목에 묻어두고
더듬어 자식 품 삼아 겨울밤을 지샜다지

또 무슨 죄가 있어 놋그릇도 징용인가
이 잡듯 쥐를 잡듯 뒤지고 부라려도
할머니 치마폭까진 들춰내진 못했다지

하 그날 이 악물고 몽땅거리 내줬다면
스무 살 작은아버진 살아 돌아왔었을까
살강 위 모신 놋주발 그날처럼 지금까지,

말이 그렇지,

팔자 센 년 들어와서 아들 잡아먹었다고 서방 죽고 사흘 만에 맨발로 쫓겨났지
핏덩이 둥쳐 업고서 동냥하듯 살았는데

내 새끼든 네 새끼든 차별 없이 거둬주마 낮밤을 애걸하기에 새서방을 얻게 됐지
남의 씨? 택도 없는 일, 자나 깨나 외고 패니

애비 없는 그 애비 집 삽작에다 버려두고 발바닥에 핏물 찍듯 도망친 오십 리 길
내 아이 빨리던 젖꼭지로 남의 자식 키웠다나

훨훨

봄비 내린 보도블록 달라붙은 벚꽃잎이

비켜서면 좋을 텐데 망연히 나를 본다

말 잃고 바라만 보던 내 아버지 눈빛이다

비 오자 꽃 지던 길 훨훨 밟고 떠나가신

그 몹쓸 그리움만 계절병이 되었는가

가신 길 따라 걸으며 아버지를 만나는 날

세족식

빌딩과 빌딩 사이 좁다란 길모퉁이
한 평 반 그 자리에 구두닦이 수십 년을
하루도 거르지 않고 검은 정장 차림이다

이따금 넥타이만 날씨 따라 바꿔 맬 뿐
다림질도 매끈한 흰 셔츠 까만 양복
경건한 예를 갖추듯 옷소매를 걷는다

말단을 벗어나려 고층으로 치닫다가
기우뚱 짜부라져 수거된 구두창들
얼굴이 비칠 때까지 허리 굽혀 닦는다

세레나데

저물어 어둠이 와도
불 밝히기 저어하다

이대로 눈감은 채
내게 환히 안기는 너

행여나 사라질까 봐
눈도 뜨지 못하고

먼 날의 어느 한때
머문 행복 더듬을 때

창문은 약속처럼
이따금씩 흔들리고

그 사람 다녀가셨나,
치자 향내 훅 번진다

끗발론

마을회관 바람벽에 등을 지고 앉았겠다
주름 눈 불끈 켜고 비 나와라 똥 나와라
아무리 까뒤집어도 무대가리 껍질뿐

똥팔삼에 비풍초라 꼼수 재던 울 어무이
굽은 등 우쭉 세워 아나, 니 똥 무라!
내 생전 풍 팔아다가 똥 산 적은 없다카이

비광 똥광 포기하니 풍시마에 홍청구사
쩌렁한 아들 자랑도 빈손 터는 꼴 좀 봐라
첫 끗발 개끗발이란다, 우리 딸들 니 알랑가?

제5부

나비춤

울 엄마 주름 손이
달빛 아래 비손이다

오늘 밤도 안 늦었소
자는 잠에 날게 하소

품었던 다섯 꽃송이
잠든 사이 날 참이다

매화 앉히다

올곧고 풍류 좋던 조선 선비 아니신가
푸른 꿈, 칼바람에 동강동강 잘린 채로
한 뼘 땅 위리안치에 저렇듯 꼼짝없다

꺾이고 옭아매어 굽틀어진 가지 사이
암흑기 헤쳐 나갈 횃불 지핀 불씨인 양
몇 송이 붉은 결기를 점점이 피우셨다

생살 뚫고 나온 관절 가차 없이 묶인 채로
성긴 눈발 다녀가는 역사관 뜰 귀퉁이
선 채로 열반에 드셨나, 오체투지 끝내셨다

낭패

외동아들 남편이 생일상을 받아놓고
울컥하는 복받침에 수저를 들다 만다
"밥이랑 미역국뿐인데 민망하게 왜 이래요?"

괜스레 뭉클해져 느껍게 말을 잇자
그제야 한술 겨우 뜨는가 싶더니만
엄마가 차려준 생일상이 그립다나 뭐라나,

그리도 번듯해서 상남자라 여겼는데
꼭지가 덜 떨어진 아직도 마마보이?
'어쩐다, 힘들 때마다 저렇게 늘 울 텐데……'

겨울 아침

지어미 세상 뜨자 밤낮없이 닫힌 그 집
홀아비 늙은 목숨 정신줄도 죄고 죄니

버티다
더는 못 버텨
방패 같은 대문 연다.

모신다는 아들 내외 사나흘도 건사 못해
지켜보던 먹구름도 젖은 눈발 흩뿌리며

살아서
다시 만날까,
누렁이 등 쓸어준다.

꽁꽁 언 마을 길을 날렵하게 내달려온
능청맞은 요양원 차 산목숨 걷어 싣고

홍해를

가로지르듯

예홍예홍 사라진다.

잎샘추위

학력 나이 다 버리고 어렵사리 얻은 자리
김밥천국 라볶이 집 시간제 일터지만
앞치마 질끈 동이면 발꿈치가 들렸다

재미를 붙여갈 즘 느닷없는 해고 통보
칠천오백삼십 원 최저시급 인상안에
동여맨 앞치마 끈만 맥없이 풀어졌다

약속하다 입춘 한파, 돌팔매로 올 줄이야
뒤통수에 따귀까지 사정없이 후려치니
김밥도 어이가 없는지 옆구리를 터트린다

하루에 한 번씩은

철길을 떠받치는 노근리 쌍굴다리

교각의 살점들이 움푹움푹 뜯겨나간

언저리 서늘한 잔상
시멘트로 덧입혔다

시간의 뒤안길로 핏자국 지워져도

쓰러져간 영혼들은 화석으로 굳었을까

경부선 무궁화호는
오늘도 덜컹댄다

정령송* 아래

그날, 못 따라간 영도교를 끝내 건너
천만리 에움길을 가마 타듯 돌아왔네
그린비 만나러 왔네, 열일곱에 영 놓친 손,

풀 한 포기 강물 자락 서걱대는 앙금이네
갈피 모를 마음으로 왕방연도 넋을 놓던
그때 그 벼랑길에서 함께 울던 두견화여

세월이 여윌수록 그리움은 짙어가네
갈바람 언 비에도 삭지 않던 인연의 줄
애달픈 당신의 강을 이제 돌아 맞잡은 손,

---

*1999년 사릉의 소나무 묘목을 영월 장릉에 옮겨 심어 단종과 정순왕후가 그간의 아쉬움을 풀고 애틋한 정을 나누도록 했다.

등잔불에 대한 소고(小考)

올곧은 한 가닥이 삼천만의 빛이었다
가슴에 불을 댕겨 기도인 양 불을 댕겨
그 숨결 심지로 돋워 등신불을 켜 들었다

그믐에 언 발 절며 살얼음 건너가듯
숨죽여 써 내리는 투사들의 밀서 앞에
벙어리 혼잣말처럼 가슴 닳던 밤이었다

삼엄한 왜바람에 달도 별도 베인 하늘
칠흑을 헤쳐 나온 무명 자락 초서 속에
아직도 빗맞은 이름, 그 아래가 어둡다

청계천

조선의 푸른 물을 오늘에 다시 살린
그 모습 담으려고 소풍처럼 다녀온 곳
원앙도 서로 짝지어 물놀이를 하는구나

고봉으로 피어 있는 이팝꽃은 그렇다쳐도
흘러가는 물줄기는 어찌 다 담아내랴
아무리 빠른 붓질도 새 울음은 못 그리매

숨 한번 크게 쉬고 가슴 창 활짝 연다
한꺼번에 들어오는 봄날의 촬영 현장
눈귀로 담아낸 것은 늘 살아서 움직인다

벽

지척에 경의선 두고 돌고 돌아 백두산

가슴팍 붉게 꽂힌 장백산 말뚝 앞에

한참을 서 있다 왔다,

찬바람만 맞고 왔다

오래된 숙제

폐지로 연명하는 후손들의 쪽방살이

빛났던 훈장은 허울 좋은 유산일 뿐

무국적 이방인처럼 방치되고 있나니

마상청앵도(馬上聽鶯圖)*

그때도 벚꽃송이
환히 지고 있었을까

맨 먼저 꾀꼬리가
봄이 간다, 우는 지금

샛길에 차를 멈추고
두 눈 감고 호젓하게

---

* 김홍도 그림. 말을 타고 가다 꾀꼬리 소리에 멈추다.

죽비

더 맑고
더 크게

비워내고 비워낸

공명통(共鳴筒) 푸른 말씀 겸허히 받아쓴다

함부로 넘보지 마라,

소리 죽여 듣는다

해설

사회적 발언으로서의 시조 미학

이우걸 시인

Ⅰ.

시조가 언제나 담아야 할 내용 중에 가장 중요한 것은 시대성이다. 그러나 모든 시조가 시대성만 담고 있고 담아야 하는 것은 아니다. 조동일이 고시조 분석을 하면서 분류한 '인정과 세태'라는 2분법은 그것을 잘 말해준다. 즉 시조는 인정을 담거나 세태를 담는 장르라는 것이다. 여기서 인정은 서정성을, 세태는 시대성을 말하는 것임은 재론할 필요가 없다. 그러나 이 이분법은 편의상의 분류이다. 왜냐하면 인정이나 세태만 담고 있는 작품이 있을 수 있지만 대체로 인정과 세태를 함께 담고 있는 것이 대부분의 경우이기 때문이다. 바꾸어 얘기하면 시대성과 서정성을 동시에 담고 있는 것이 대부분이고 그런 작품이 독자들의 환영을 받고 또 문학성도 높은 경우가 많다. 아직도 시조에 식견이 없는 강단 비평가들은 현대시조가 현실과 거리가 멀다거나 음풍농월 운운하는 무식을 드러내지만 실제 시조시단의 내부를 잘 살펴온 사람들은 오히려 지나치게 시대를 얘기한다고 할 만큼 오늘의 시조는 이 분야에 민감하게 반응하고 있다. 특히 이남순은 우리 시조시단이 보유한 시집 중 가장 다양한 우리의 생활 현장을 소재로 한 작품을 이번 시조집에서 의욕적으로 보여준다. 소재의 확대만으로는 모험의 가치를 논하기는 어렵다. 그 시대성이 서정적 표현과 잘 어우러져 깊은 울림을 가지게 될 때 우리는 현대시로서 그 시조의 가치를 논할 이유를 갖게 되고 그런 작품을 주목하게 된다.

시대성에 적극적으로 개입한다는 것은 사회적 발언을 적극적으로 한다는 얘기다. 문학도 사회 속에서 만들어지는 예술이고 그 사회의 발전을 열망하는 사람들의 표현인 만큼 직접적이건 간접적이건 발언하지 않을 수 없다. 릴케가 말한 "시란 체험"이라고 한 시에 관한 정의나 시란 "무엇은 사실이다 하고 단언하는 것이 아니라 그러한 사실을 우리로 하여금 좀 더 리얼하게 느끼도록 해주는 것이다."라고 한 엘리엇의 얘기들은 시가 사회적 산물인 동시에 무언가를 간접적으로 발언함으로써 독자를 자극한다는 사실을 알려준다.

외짝이 모로 누워 타다 만 신발 위로
바람결에 낙엽 몇 장 조문하듯 엎드린다

늦비에 시들어가는
국화꽃을 닮은 남자

아빠가 봄이 오면 선물 들고 가겠노라
간밤에 어린 딸과 철통같이 했을 약속

달력에 빗금 그으며
일당을 적던 남자

창 없는 쪽방에서 새우잠을 자면서도
한 푼이 아쉬워서 등졌을 고향 하늘

공사판 국밥 그릇도
다 채우지 못한 남자

—「고시원을 아시나요」 전문

이 작품에서 독해를 위한 중요한 정보는 '외짝' '타다 만' '조문' '시들어가는 국화꽃'이다. 화재 사고로 타계한 노동자, 그리고 중년을 넘어선 남자라는 것, 돈을 아끼려고 고시원에서

머물고 있는 일용직이라는 사실 등을 유추해낼 수 있다. 그리고 이 비극을 더욱 강화시키고 있는 '딸과의 통화'나 '창 없는 쪽방' "공사판 국밥 그릇도/다 채우지 못한 남자" 등의 절묘한 수귀들이 독자의 가슴을 파고든다. 이런 작품들이 흔히 시조가 작은 그릇이라서 관념적일 수밖에 없다거나 구체적인 일상을 세밀하게 표현해내기 어렵다는 주장이 얼마나 허구적인가를 증명해낸다. 우리 사회가 가진 허술한 안전망이나, 대책 없이 반복적으로 일어나는 여러 인명피해 사건들 중의 하나인 화재 사고를 극적으로 시화하여 각성을 촉구하고 있다.

타는 속 숨기느라 치장한 저 꽃 타래
가시 밥 돋은 손 끝 뭉툭한 매니큐어
등줄기 굽은 나비들 바지 가랑 붙잡네

구석자리 전을 편 듯 가방 푸는 연변 아짐
박카스 슬쩍 건네며 삐주룩 곁눈질에
홍정은 이미 끝난 듯 탑골 길이 저무네

짱짱한 대낮 걸음 어둑서니 건너는 건
꼬깃꼬깃 지폐 한 장 밥줄인 걸 어쩌겠나
이역 땅 뿌리를 내린 흑장미가 야위네

—「거먕빛」 전문

독특하고 대담한 소재다. 성문제가 담론이 되고 있다. 한국 사회에 뿌리내리지 못하고 떠도는 그래서 '흑장미'가 될 수밖에 없는 부평초 같은 사람들이 살기 위해 몸부림치다 만들어내는 사회문제를 이 작품은 고발하고 있다. 표현은 섬세하고 시조의 형식면에서도 빈틈이 없다.

쪽방촌 막다른 길 오후 해가 지나간다
독거노인 안부 묻는 이웃돕기 박스 하나
그 누가 안고 왔는지 온기 아직 남았네요

못 보고 사는 것쯤 이젠 제법 길났는데
찾아올 낌새 없던 내 자식 다녀간 양
황 노인 닫힌 가슴이 볕살 바라 열리네요

오래된 형광등에 불빛이 깜빡대듯
밭은 숨결 풀어가며 한 발짝씩 다가서는
여기도 봄이 오느라 바람 죽지 부푸네요

—「봄은 평등한가」 전문

노인 문제를 다루고 있다. 이미 노령화되고 있는 한국사회에서 독거노인의 고독한 생활 모습은 흔히 만나는 익숙한 풍경이다. 이 작품은 노인 문제를 담론화하는 여러 가지 질문을

품고 있다. 그것을 시조로 다 얘기할 순 없다. 그러나 그늘을 없애기 위해 우리 사회는 어떤 일을 해야 하고 국가는 어떤 도움을 주고 이들을 보살펴야 하고 자녀들은 어떤 자세로 부모를 모셔야 하는가 등의 질문을 우선 예상할 수 있다. 이 작품 외에도 「25일 오전 11시」 「가정의 달」 「겨울 아침」 등 노인 문제를 다루고 있는 중요작품들이 적지 않다.

중앙시장 골목 끝, 호떡집 리어카에
'손으로 말해주세요' 팔랑이는 글씨 아래
손님들 길게 늘어섰다, 그 줄 끝에 나도 섰다

하루 늦게 태어나서 자치동갑 사촌동생
어린 날 장티푸스로 말 잃고 귀 닫은 채
간드락 간드락거리며 저리 용케 살아간다

때 없이 호통 치는 단속반 호각 소리
이제는 이력이 나 눈치껏 듣고 나니
마차를 뒤흔든 바람도 슬그머니 웃고 간다

—「손으로 말해주세요」 전문

장애인의 힘든 삶을 그려놓고 있다. 언어장애가 있는 호떡 장수다. 그러나 당당한 점포에서 하는 장사가 아니라 길거리에서 하는 장사다. 셋째 수 종장의 "마차를 뒤흔든 바람도 슬며시 웃고 간다"라는 표현을 통해 이 비극의 분위기를 약간 유머러스하게 만들고 있지만 그런 장치가 이 작품의 슬픔을 더욱 짙게 해준다.

몇 살쯤 알았을까 제 몸에 흐르는 피
뽀얀 피부 마른 몸이 나를 꼭 닮았다는데
여태껏 만난 적도 없고 잊은 적도 없는 너

아들만이 간절해서 버려진 아버지의 딸
외가에서 낳고 자라 무심히 지은 이름
언제쯤 정에 겹도록 너를 불러 마주할까

이제는 언니들을 찾을까 찾아줄까
웅크린 쪽잠같이 오금 못 편 후실 자식
못한 말 못 부친 편지 꿈길에만 오갔겠지

까맣게 탄 한 시절이 얼마나 겨웠으면
지난봄 아배 부음도 끝내 등을 돌렸을까
호적지 맨 끝줄에 선
다섯 번째 여동생

—「외숙이」 전문

작자의 가정사를 시화한 작품이다. 딸만 다섯을 낳은 아버지가 씨종자라도 얻으려고 외도하여 낳은 자식이 또 딸이어서 찾지도 않는다. 그래서 피를 나눈 자매간의 정도 나누지 못한 '외숙이'라는 이름의 이복동생을 오브제로 해서 남존여비 사상을 고발하는 작품이다. 이 시집에는 그런 가정사의 편린들이 여기저기 보인다. 이제는 딸 선호 경향도 만만치 않아 시기적으로 임팩트가 있어 보이진 않지만 여성의 한을 그린 적지 않은 작품들이 보인다.

> 촛불 팀과 태극기 팀 줄다리기 팽팽하다 꽹과리 쇠북 치며 응원가 우렁차다
>
> 깃발들
> 껑충대는 꼴
> 덩덕개 날뛰듯이
>
> 끊어지면 끊어졌지 물러서지 않을 기세 바람벽에 머리 찧고 아수라장 따로 없다
>
> 본부석
> 대왕과 장군
> 보다 못해 호령한다

물러설 줄 알아야만 막판에 힘도 쓰지, 전법도 어명조차 도 닿지 않는 고립지대

만국기
어디로 갔나
삐라 풍선 춤춘다

—「운동회」 전문

여야 정치인들의 집회 모습을 풍자한 작품이다. 화합하기보다 경쟁하는 것이 이 세계의 생리일 수 있다. 그러나 지나치게 대립해서 파행으로 끝나는 여러 일들이 눈에 많이 띈다. 국회의 공전이나 거리 시위 등 그 예는 헤아릴 수 없이 많다. 그런 모습을 질타하는 작품이라 여겨진다. 「잎샘추위」「청문회」「회기역」 등도 정치계와 관련된 작품들이다.

II.

이 시집의 특징으로는 역사의식과 관련된 작품이 적지 않다는 점이다. 시인이 역사의식을 갖는다는 것은 중요하고 마땅한 미덕이다. 세계를 보는 안목에서도 그렇고 사물을 관찰하고 해석하는 태도를 위해서도 그렇다. 모든 역사는 현재의 역사라고 크로체는 말했다. 결국 어떤 역사도 현재적 의미와

관련해서 해석하기 때문이다.

잣나무도 발이 묶여 촉루로 선 그 발치에
제삿날 찾아오듯 유월이면 어김없이
애끓는 고향을 바라 멍울져 피어난 꽃

엉킨 채로 숨을 뱉던 이편에서 저편까지
어린 이름 부르느라 뻐꾸기는 목이 쉬고
하늘에 번지는 놀빛 그날처럼 타는 꽃

하나 둘 셀 수 없이 총부리에 고꾸라져
푸른 잎 무너지고 환청처럼 돋는 가시
죽어도 목숨은 살아 온 산천에 번지는 꽃

—「지리산 엉겅퀴」 전문

지리산은 좌우익의 충돌이나 좌익의 저항지였다. 여기서 6월은 6·25를 말하는 것이다. 있어서는 안 되는 동족간의 피비린 싸움을 '엉겅퀴' 꽃에 담았다. 작자가 이 시조를 발표하는 이유는 어디에 있을까. 지금도 진행되고 있는 통일운동에 대해 가능하면 어떤 도로(徒勞)에도 불구하고 적극적으로 추진하자는 발언을 숨기고 있는 것이 아닐까. 우리 민족에겐 늘 가장 가슴 아픈 상처이며 이의 해결은 어떤 문제보다 중요한 민족의 숙원이 아닐 수 없다.

왜바람 맞서느라 금이 간 허리 안고
이리저리 채이다가 이 빠지고 살 터진 채
이름도 개명을 했다 꼼짝없이 '이도 다완'

선비들의 찻상에도 의젓하게 올라갔고
비가 새는 난달 부엌 흙바닥에 엎드려서
저 백민 간당한 목숨도 숨죽이며 지켜봤다

장독 위에 별을 띄워 정화수 받아놓고
퇴락한 왕조 앞에 그래도 살아보자고
어쩌다 비급한 목숨도 그렁그렁 달래었다

개밥그릇 냉가슴도 참을 말이 따로 있지
분에 넘친 대접하며 기고만장 해봤댔자
우리네 도공 품에서 주먹 쥐고 태어났다

—「막사발」 전문

일인들이 신기라고 하며 놀라워한다는 '막사발'은 우리나라 이름 없는 도공들이 만들었던 그릇이다. 이 그릇이 16세기 일본으로 건너가 차 그릇으로 사용되면서 인기를 구가하게 된다. 우리는 중국과 같이 이미 청자나 백자를 만든 선진국이었다. 이름을 보아도 막사발은 우리나라에선 크게 대접받지 못한 평범한 그릇이었다고 보고 있다. 이 그릇의 용도는 견해가 여러 가지지만 작자는 서민의 삶과 연결시켜 마치 진중한 한 편의 다큐멘터리처럼 선명하게 그려 우리의 그릇임을 증명하고 있다.

쑥 밀자
확 번지며
메시지가 날아왔다
남도의 산다화가
저리 붉게 피었다고
그 불길,
가슴 언저리 순식간에 붙는다

펼쳐 든 구호처럼
저항의 깃발처럼
섬 살이 가득한 울혈
터져버린 눈물보가
이 땅끝,
강정마을에 더운 피로 솟는다

오해와 이해 사이
배인 상처 없었을까
안개 포에 눈이 매워
흘려 쓴 혈서인 양
보아라,
제 몸의 화기로 겨울 하늘 불탄다

—「산다화 분서」 전문

강정마을은 해군기지 건설 문제로 오래 분쟁이 있었던 곳이다. 제주의 산다화 개화를 이 작품에서는 불만으로 터졌던 그 울음보라고 연상해낸다. 그리고 강정마을의 더운 피로 연상해낸다. 혈서로 연상해낸다. 그리고 제 몸의 화기로 연상해낸다. 이제는 정리된 문제지만 시인의 역사의식은 민의의 중요성을 강조하고자 하는 의도에서 이 작품을 썼다고 느껴진다. 사건을 바라보는 주체적 시각이 깃들어 있다. 시대에 대한 질문 다음으로 역사와 관련된 작품을 많이 보여주고 있을 뿐 아니라 작자의 시각이 선명하면서도 시적 미학을 지닌 읽히는 작품이 많다.

Ⅲ.

이남순은 서정성을 지닌 고요하고 깊은 시조를 빚을 줄 아는 시인이다. 가령 다음과 같은 작품을 읽어보면 느낄 수 있다.

여든 해를 생각 속에 스며들어 사릉인가

그 흔한 무석도 없이 선잠 든 왕후 곁에

무던히
영월 쪽으로
고개 돌린 도래솔

—「사릉애가(思陵哀歌)」 전문

꼭 여민 옷고름을 죄다 풀고 네게 간다

후회도 주저함도 이제 다 떨쳐두고

아찔한 낭떠러지도 단박에 부숴내리

물안개 피워놓고 갈대 꺾어 에두르고

목쉬도록 불러보다 끝내 혼절할지라도

물보라 무지개 피는 하늘로 길을 낸다

—「폭포」 전문

남양주에 있는 사릉은 단종의 부인 정순왕후의 무덤이다. 그리고 영월에는 단종의 무덤이 있다. 죽어서도 나란히 잠들지 못한 애잔한 풍경을 이 단시조에 담았다. 단시조는 그야말로 3장으로 끝을 맺는 짧은 시라서 종장의 묘미가 떨어지면 작품으로 읽히기 어렵다. 그러나 이 작품에선 비가의 극점이 될 만한 "무던히/영월 쪽으로/고개 돌린 도래솔"이라는 절창으로 길을 열어 독자를 감동케 한다. 폭포도 순정한 사랑의 노래다. 흔히 이런 제목으로 쓴 명시가 많아서 성공하기 어렵지만 여기서는 한 여인이 사랑하는 사람에게 자신의 전부를 걸고 사랑의 길을 과감하게 열어가는 모습으로 그려놓았다. 여기서 '하늘길'은 치솟아 오르는 물보라를 연상할 수 있지만 어떤 독자에겐 이승에서 현실적으로 장애가 생겨서 죽어서라도 함께한다는 의지의 표현으로 읽을 수 있는 지극한 연시다. 그 외에도 「세레나데」 「입춘 예감」 「가을 숲에서」 등 격조 있는 서정시를 이남순은 보여준다.

그러나 역시 이번 시집에서 발견할 수 있는 가장 큰 특징은 현실비판에 있다. 그가 제기하는 어둠의 현장이나 대상은 놀라울 정도로 다양하다. 여러 약자들에 대한 대변, 이를테면 노인, 여성, 이동상인, 장애인, 몰락해가는 자영업자, 최저임

금제로 몰락하는 음식점 경영자, 아르바이트생, 부친의 재산을 뺏고 이민 간 아들과 그 아버지, 성매매 풍경, 남존여비 풍조가 소외시킨 외숙이, 해녀, 위안부 문제, 고시원의 화재로 숨진 노동자, 강정 사건, 고학력 문제 등이 다 거론되고 있다. 기법적으로 크게 보면 리얼리즘적인 작법이다. 허구적인 것이 아니다. 이남순 시인이 체험해온 반백년 인생의 시간들이 보아온 비교적 상세한 우리 시대 어둠의 지도다. 시적 구성이 허술한 작품들도 아니다. 감동을 얻어내기 위해 과도한 분장술을 사용하지도 않는다. 단지 메시지가 확실하다는 것이다. 아울러 이러한 작품을 쓰는 그의 태도는 우리 사회가 더 발전해야 한다는 희망에서 근거한다. 그의 이런 치열한 시적 실험이 이 시집을 절실한 현장의 노래로, 구체적인 이미지의 노래로, 진정성 있는 삶의 노래로 바꾸어놓았다.

오늘 우리 시조가 어떤 방향으로 가야 하며 무엇을 노래해야 하는가에 대한 하나의 이정표가 아닌가 생각한다. 거시적 안목에서 한 얘기일 뿐 세상의 모든 시조가 같을 수는 없다. 그러나 이렇게 샅샅이 현실을 살피는 것으로 자신의 존재 이유를 외치는 시인 이남순의 개성적인 시조문학은 주목받아 마땅하다. 가장 어두운 시조, 가장 슬픈 시조, 그리고 새로운 진전을 꿈꾸며 가장 많은 질문을 세상에 외치는 작품들이 담긴 시집 『봄은 평등한가』의 출간을 축하한다. 토속정서와 경상도 사투리와 유머를 주 무기로 이미 2권의 작품집을 낸 바

있는 그가 다음에는 어떤 세계로 독자들을 안내할지 궁금하다. 그의 실험은 금기 없이 열어가는 한국시조의 새로운 길이기 때문이다.

이 도서의 국립중앙도서관 출판시도서목록(CIP)은 서지정보유통지원시스템 홈페이지(http://seoji.nl.go.kr)와 국가자료공동목록시스템(http://www.nl.go.kr/kolisnet)에서 이용하실 수 있습니다.(CIP제어번호: CIP2020021671)

문학의전당 시인선 0323

봄은 평등한가

ⓒ 이남순

초판 1쇄 발행 2020년 6월 8일
초판 2쇄 발행 2020년 8월 7일
지은이 이남순
펴낸이 고영
책임편집 이리영
디자인 헤이존
펴낸곳 문학의전당
출판등록 제448-251002012000043호
주소 충북 단양군 적성면 도곡파랑로 178
전화 043-421-1977
전자우편 sbpoem@naver.com

ISBN 979-11-5896-468-9 03810

*이 책의 판권은 지은이와 문학의전당에 있습니다.
*양측의 서면 동의 없는 무단 전재 및 복제를 금합니다.
*잘못 만들어진 책은 바꿔드립니다.